Projet de modifications au Règlement du Grand Conseil.

Chapitre Premier.

Composition et But :

Article 1er.

Le Grand Conseil des Sociétés de Secours mutuels du département des Bouches-du-Rhône établi à Marseille se compose de tous les Présidents et Syndics desdites Sociétés qui ont participé à sa création, ainsi que de celles qui se sont placées depuis sous sa juridiction et qui continuent à payer une cotisation annuelle pour subvenir aux frais d'administration. Il a pour but :

1°. — D'aider au développement des Sociétés et de leur assurer une marche facile et régulière, en recherchant et provoquant en commun toutes les mesures administratives pouvant contribuer à leur bien être et à leur prospérité.

2°. — De juger sans frais toutes les difficultés qui peuvent s'élever dans leur sein par l'application des Statuts et réglements, ainsi que toutes les contestations qui peuvent surgir entre les Sociétaires et l'administration, ou entre les administrateurs eux-mêmes.

3°. De recevoir et d'étudier enfin toutes les communications, propositions et autres documents qui peuvent être soumis à son examen.

Chapitre second.
Administration.

Article 2. L'Administration du Grand Conseil se compose : d'un Président, d'un Vice-Président, d'un Secrétaire, de deux Vice-Secrétaires, d'un Trésorier et de dix-huit Conseillers dont douze Présidents et six Syndics.

Elle se divise en deux Sections : Section administrative, Section Judiciaire. La Section Administrative est composée de tous les membres du bureau et de neuf Conseillers.

Elle a pour mission de rechercher et de provoquer toutes les questions pouvant être utiles à l'institution des Sociétés de Secours mutuels et à rendre le principe de la mutualité prospère et efficace.

D'étudier toutes les propositions qui pourront être portées à l'étude du Grand Conseil dans le cours des assemblées générales, ainsi que tous les documents qui pourront être adressés au Président pour être soumis à l'examen du Grand Conseil ; d'en dresser un rapport quand il y a lieu et de le faire parvenir à qui de droit par les soins du Président ; de dresser enfin procès-verbal de toutes les questions qui auront pu être l'objet d'un examen et d'en donner lecture à l'assemblée générale spéciale du quatrième Dimanche du mois de Juillet de chaque année.

La Section Judiciaire est uniquement chargée d'examiner et de juger, quand il y a lieu, toutes les questions litigieuses que les Sociétés peuvent porter devant le Grand Conseil.

Elle se compose du Président et du Secrétaire du Grand Conseil, et de neuf Conseillers. Le Président et le Secrétaire au sein de cette Section en font partie de droit avec voix délibérative.

Toutes les fonctions au Grand Conseil sont entièrement gratuites et obligatoires.

Chapitre Troisième
Devoirs et Fonctions.

Art. 3.   Le Président du Grand Conseil exerce l'action administrative et judiciaire et a droit d'assistance dans toutes les assemblées particulières. Ses fonctions consistent en outre à ordonner toutes les convocations des assemblées, à y maintenir l'ordre et la tranquillité ; à empêcher qu'il y soit question d'objets étrangers aux affaires administratives. Il fixe l'ordre du jour pour les assemblées du Conseil et lui soumet les questions qui doivent être portées à l'ordre du jour des assemblées générales. Il pose toutes les questions, recueille les voix, prononce le résultat des décisions prises par les assemblées. Il reçoit toutes les communications, propositions, réclamations ; en un mot tous les documents concernant le grand conseil dont il prend connaissance et les transmet ensuite, sans y rien changer ni modifier, à leur Section respective qui donne la suite que de droit. Il signe la correspondance, et, conjointement avec le Secrétaire, toutes les délibérations, convocations, mandats dûment ordonnancés et autres ; contresigne les procès-verbaux ; veille à l'exécution des règlements et surveille enfin tout ce qui peut intéresser le grand conseil.

Le Vice-Président l'aide dans ses fonctions et le remplace en cas d'absence ou d'empêchement.

Art. 4. Les fonctions de Secrétaire consistent à faire les convocations pour les assemblées, à rédiger, sur des registres ad-hoc, les procès-verbaux de toutes les séances et les jugements rendus par la Section judiciaire, à en faire les extraits qu'il signe conjointement avec le Président ; ainsi que les convocations, mandats et autres. Enfin il a la garde des archives du grand conseil.

Les vice-secrétaires l'aident dans ses fonctions et le remplacent en cas d'absence ou d'empêchement.

Art. 5. Le trésorier tient la comptabilité. Il possède tous droits pour le recouvrement de toutes sommes. Il acquitte toutes les dépenses légalement ordonnancées par le Conseil d'administration. Il encaisse toutes les cotisations dües au Grand Conseil et délivre des quittances à souches de toutes les sommes qu'il reçoit

Il donne et rend ses comptes au Conseil administratif toutes les fois que celui-ci le juge nécessaire. Il assiste à toutes les Séances et est tenu d'y apporter les registres exactement en règle.

Tous paiements non-ordonnancés restent à la charge. Il est déchargé de sa gestion par le Conseil administratif, après l'approbation de l'assemblée générale.

Art. 6. Les Conseillers assistent à toutes les réunions de leur Section respective ainsi qu'à toutes les Assemblées générales.

Les membres de la Section administrative peuvent être délégués dans les Sociétés lorsque celles-ci en font la demande.

Chapitre Quatrième.
Élection.

Art. 7. Le Président, le Vice-Président, le Secrétaire et les Vice-Secrétaires sont nommés chaque année par élection le troisième Dimanche de Février, en assemblée générale, au scrutin de liste et secret, et à la majorité absolue des voix, par les Présidents et Syndics de toutes les Sociétés placées sous la juridiction du Grand Conseil.

L'Assemblée choisit librement ses candidats parmi les Présidents et Syndics membres du Grand Conseil. — Pour que l'élection soit valable, il faut que le nombre de votants soit égal au 5eme au moins des électeurs inscrits.

Le Trésorier est nommé par le bureau et a voix délibérative.

Les Conseillers sont nommés à tour de rôle. Ils sont désignés dans la même assemblée par le bureau, et d'après l'ordre du tableau des membres du grand Conseil ; qui est dressé d'après numéros d'ordre des Sociétés y adhérentes et de manière que le Président et le Syndic d'une même société ne puissent être en même temps administrateurs.

Parmi les douze Présidents et les six Syndics ainsi désignés le bureau procède par voix de tirage au sort, à la proclamation des six présidents et trois Syndics devant former le conseil judiciaire.

Nul ne peut être nommé administrateur s'il n'est présent à l'assemblée dans laquelle doit avoir lieu l'élection, ou s'il n'a donné avis de son absence.

En conséquence il sera passé outre au tour de rôle des membres désignés d'après l'ordre du tableau pour être administrateurs, qui ne répondront pas à l'appel de leurs noms, et qui n'auront pas rempli la formalité édictée dans le paragraphe précédent.

Art. 8. Toutes les fonctions au Grand Conseil durent un an.

Le Président, le Vice-Président, le Secrétaire, les Vice-Secrétaires et le Trésorier peuvent être réélus.

Les Conseillers administrent à tour de rôle.

Art. 9. Lorsque dans une des sections, par suite de démission, d'absence, de décès ou d'exclusion le nombre des Conseillers se trouve réduit à moins des deux tiers, le bureau pourvoit d'office à leur remplacement en suivant l'ordre du tableau.

Si pour les mêmes causes une ou plusieurs vacances se produisent parmi les membres du bureau, il est pourvu, par voie d'élection aux emplois vacants, jusqu'à l'époque fixée pour les élections générales, par tous les administrateurs réunis à cet effet en conseil extraordinaire.

Toutefois ces prérogatives ne peuvent s'étendre jusqu'à la nomination du Président, qui ne peut être élu que par une assemblée générale

Art. 10. Seront considérés comme démissionnaires les administrateurs qui, sans en donner avis motivé, s'absenteront pendant trois fois consécutives des réunions du Grand Conseil.

Chapitre Cinquième
Assemblées.

Art. 11.   Deux assemblées générales ont régulièrement lieu chaque année : le troisième Dimanche de Février et le quatrième de Juillet.

Des Assemblées générales extraordinaires peuvent être convoquées par le Conseil d'administration toutes les fois qu'il en reconnaît l'urgence. Cette convocation est de rigueur :

1º Lorsque trente membres en adressent par écrit la demande au Conseil en faisant connaître les questions à porter à l'ordre du jour.

2º En cas d'élection pour la nomination du Président.

Art. 12. Dans l'assemblée générale du mois de Février le bureau rend compte de sa gestion financière de l'année écoulée en faisant connaître toutes les dépenses et recettes qui ont été faites pendant l'année. Il en est déchargé par la signature au bas du livre de caisse, de trois membres que l'assemblée désigne à l'effet de les vérifier et de les certifier conformes après en avoir reconnu l'exactitude et la régularité.

L'assemblée passe ensuite à la discussion des questions portées à l'ordre du jour ; procède à l'élection des membres du bureau et fixe le taux de la cote annuelle que les sociétés ont à payer pour subvenir aux frais d'administration.

Le bureau proclame enfin les noms des dix-huit membres devant faire partie de l'administration du Grand Conseil comme conseillers.

Celle du mois de Juillet est spécialement affectée à la lecture de tous les procès-verbaux ou rapports qui sont le résultat des études faites par la section administrative, de toutes les questions ou propositions qui ont pu lui être soumises dans une précédente assemblée générale, ou avant l'époque fixée pour la réunion, et à la discussion de toutes les questions qui pourront être portées à l'ordre du jour.

Dans la même séance, les membres qui auraient des propositions à soumettre au Grand Conseil, pourront les développer en présence de l'assemblée qui dans en faire l'objet d'une discussion ; les renverra d'office à la section administrative qui devra, après les avoir étudiées, les porter à l'ordre du jour de la plus prochaine assemblée générale.

Art. 13. Le Président réunit les administrateurs toutes les fois qu'il le juge nécessaire, et lorsque cinq membres du Conseil lui en font par écrit la demande motivée.

Art. 14. Toute assemblée générale se constitue et délibère valablement si le tiers des membres y est présent.

Si une assemblée ne se trouve pas en nombre, elle est immédiatement convoquée de nouveau et délibère valablement quelque soit le nombre des membres présents.

Toutes les délibérations sont prises à la majorité absolue des voix.

Art. 15. Toutes les décisions rendues par la section Judiciaire sont prises à la majorité des membres présents.

Pour que les résolutions prises par la section administrative soient valables il faut que les deux tiers au moins des membres y aient pris part.

Art. 16. À chaque fin d'année il sera fait par le bureau le relevé des travaux de la section administrative de tous les jugements rendus pendant l'année par la section judiciaire et l'exposé de la situation financière.

Ces détails seront imprimés et envoyés ensuite avant l'époque fixée pour l'assemblée générale du mois de Février, à chaque Président et Syndic des Sociétés adhérentes.

Chapitre Sixième.
Droits et devoirs des Sociétés.

Art. 17. Avant le 31 Janvier de chaque année, les Sociétés adhérentes sont tenues d'adresser au conseil un extrait du procès-verbal de l'élection du Syndic et de faire connaître sa demeure. Une déclaration faite et signée par le Président peut tenir lieu de procès-verbal. Si nulle délibération ou déclaration n'est parvenue au Grand Conseil, la Société n'y sera représentée que par son président.

Ne seront convoqués et admis à participer aux élections que les Syndics pour lesquels cette formalité aura été remplie.

Art. 18. Sont Justiciables du Grand Conseil les Sociétés de Secours mutuels qui par une clause de leurs Statuts ou par une délibération approuvée ont formulé leur adhésion et pris l'engagement de se soumettre à ses décisions.

Art. 19. Le Grand Conseil étant un Tribunal d'appel il ne sera donné suite qu'aux affaires qui auront déjà fait l'objet d'une délibération de leur Société. Seront seuls exceptés de cette mesure les conflits d'administration et les plaintes personnelles des Présidents.

Art. 20. Les affaires portées régulièrement devant le grand Conseil sont jugées contradictoirement en audience publique.

Le Syndic de chaque Société est le défenseur né des Sociétaires plaignants ; néanmoins ces derniers peuvent se faire défendre par toute autre personne, même étrangère aux Sociétés de Secours mutuels.

Il ne sera délivré des extraits de jugement que lorsque les affaires seront portées devant les Tribunaux. En tout autre cas, une simple note sera remise aux parties qui en feront la demande.

Art. 21. Les Sociétés qui auront pris une décision ayant pour but de se retirer de la juridiction du grand Conseil seront rayées du catalogue de cette institution. Cependant les affaires litigieuses que ces sociétés auront pu soumettre à la juridiction du grand Conseil avant la date de la délibération de retrait seront finies de juger.

Art. 22. Pour subvenir en partie aux dépenses du Grand Conseil les sociétés adhérentes devront payer une cotisation qui sera votée chaque année dans l'assemblée générale du mois de Février et versée entre les mains du Trésorier du Grand Conseil.

Les Sociétés qui ne paieront pas la cotisation annuelle perdront le droit d'être représentées aux réunions du grand Conseil.

Art. 23. Tout membre du grand Conseil, qui, dans les réunions, se conduirait d'une manière inconvenante et qui n'aurait pas égard aux observations du Président, ou qui serait répréhensible sous quelque autre rapport, pourvu que ce ne soit pas un motif d'exclusion, sera rappelé à l'ordre et mention en sera faite au registre des délibérations.

Art. 24. Seront exclus du grand Conseil les

membres qui en quelque circonstance que ce soit, auraient en leur qualité officielle de membre de cette institution, soit par des actes ou des écrits rendus publics, faits ou signés par eux, provoqué ou participé à une manifestation quelconque ayant un caractère politique.

Les membres frappés d'exclusion ne pourront jamais plus en faire partie.

Si l'exclusion frappe le Président d'une Société, le vice-président le remplace provisoirement à la barre du Grand Conseil s'il y a lieu.

Art. 25. Les membres des Sociétés qui se rendraient répréhensibles à la barre du Grand Conseil, et ceux qui étant cités à comparaître, feraient défaut sans motifs légitimes, seront frappés d'une amende de trois francs qui sera versée dans la caisse de la Société à laquelle appartiendra le délinquant, et le Trésorier lui refusera ses cotisations mensuelles jusqu'au paiement de l'amende.

Art. 26. Le Grand Conseil fait célébrer chaque année une Messe en l'honneur de Saint-Vincent-de-Paul, ainsi qu'un service funèbre dans l'octave des morts pour le repos de l'Âme des Sociétaires décédés.

Pour chacune de ces solennités, l'administration du Grand Conseil adresse à chaque membre, une lettre de faire part.

Art. 27. Le Conseil d'administration et une délégation de 25 membres que le bureau pourra désigner, ainsi que le drap mortuaire assistent aux obsèques d'un membre du grand Conseil décédé.

Il est rigoureusement indispensable que l'avis de décès soit communiqué sitôt après l'enregistrement afin que le Président puisse ordonner et fasse distribuer les lettres de faire part.

Art. 28 Tous les règlements antérieurs sont et demeurent annulés par le présent.

Le Rapporteur,
B. Germain.

La Commission de révision

Maurel,	Reybaud,
Bonnet,	Muratory,
Bourrelly,	Hermellin,
Bernard,	Merle,
Fiastre,	Sabathier,
Chastoul,	Wind,
Davec,	Bance,
Dol,	Dephilippi,
Raffin,	Rougier,
Lefort,	Mallet.